I Like Colors

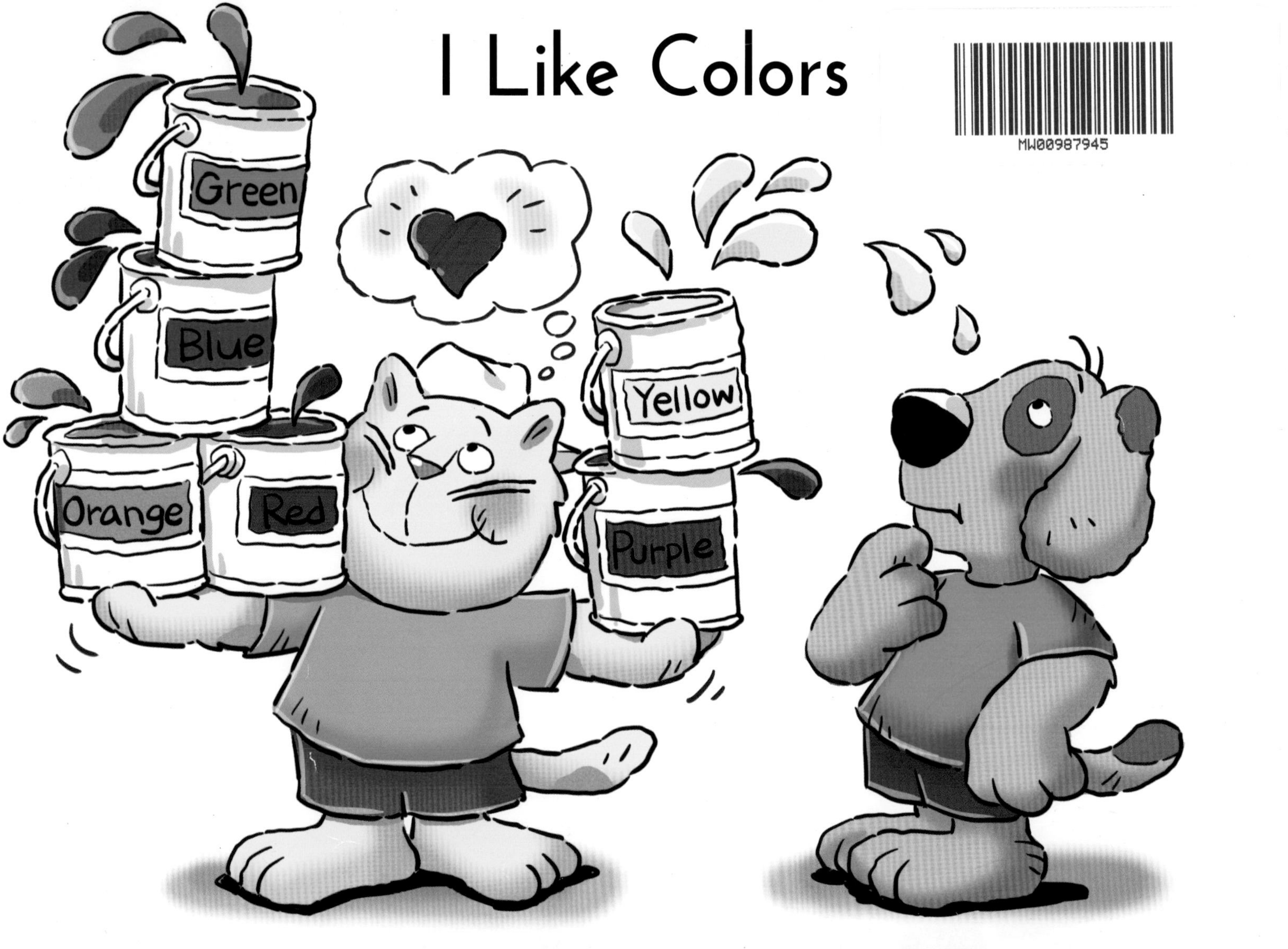

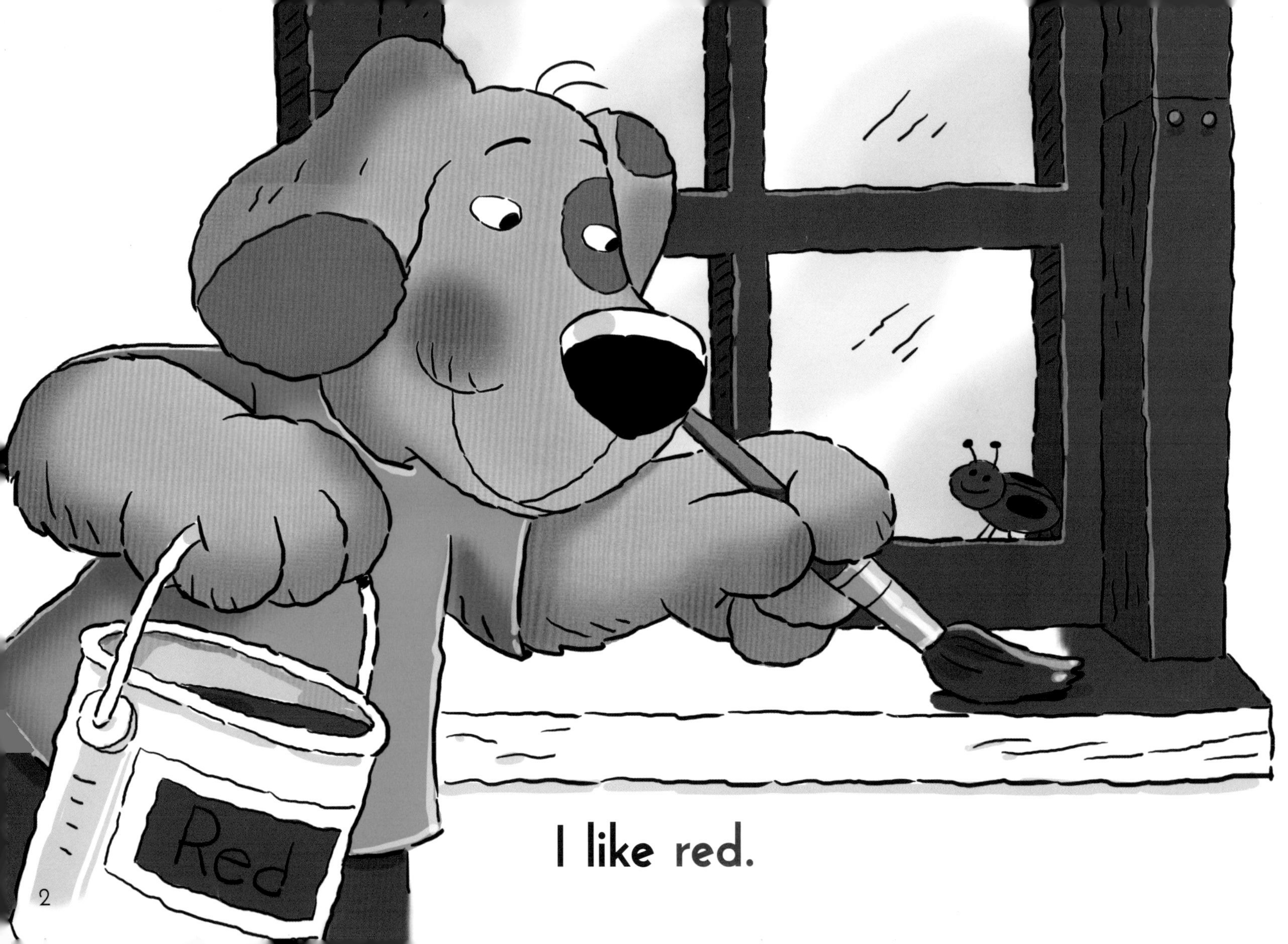

I like red.

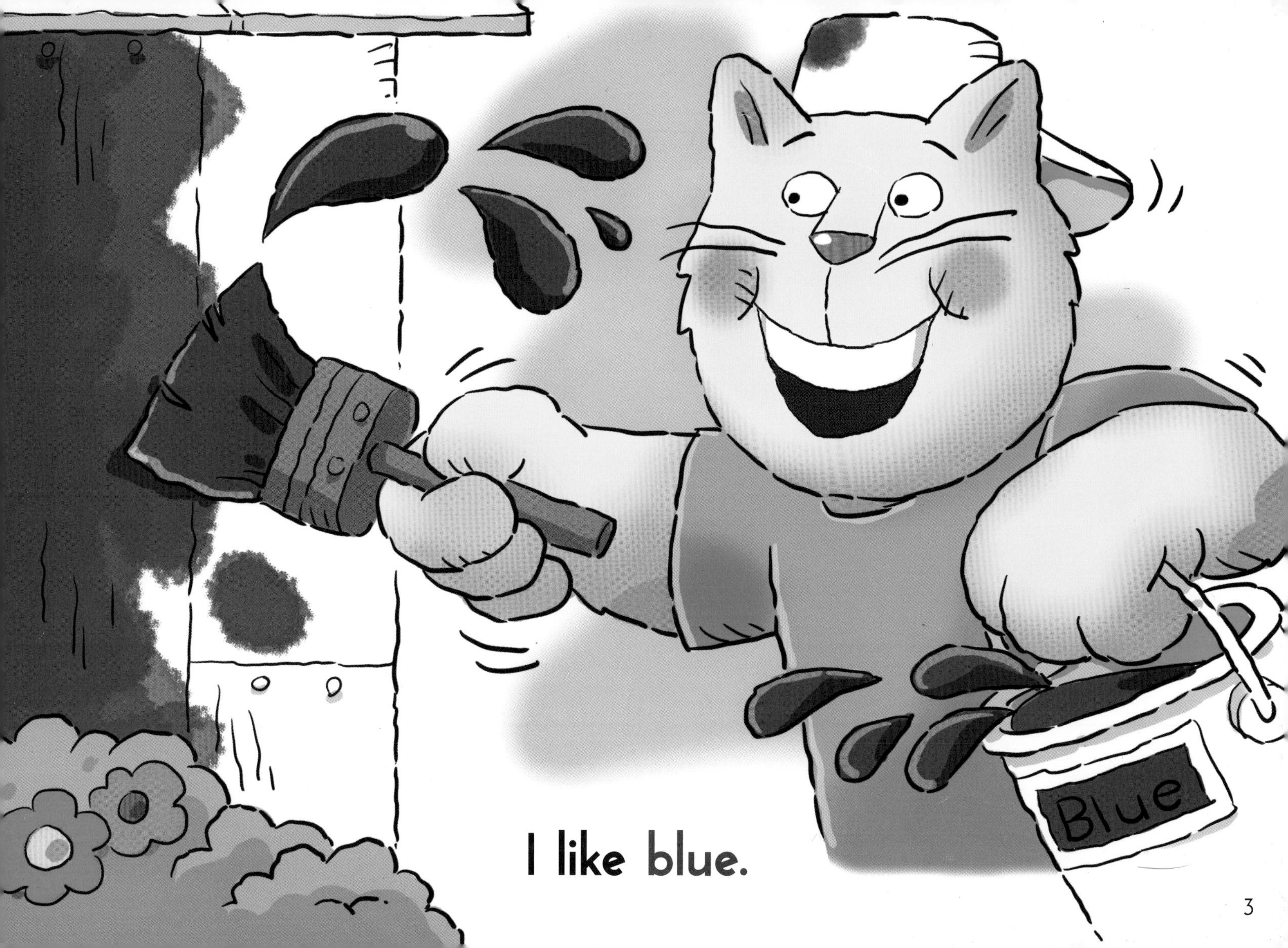

I like blue.

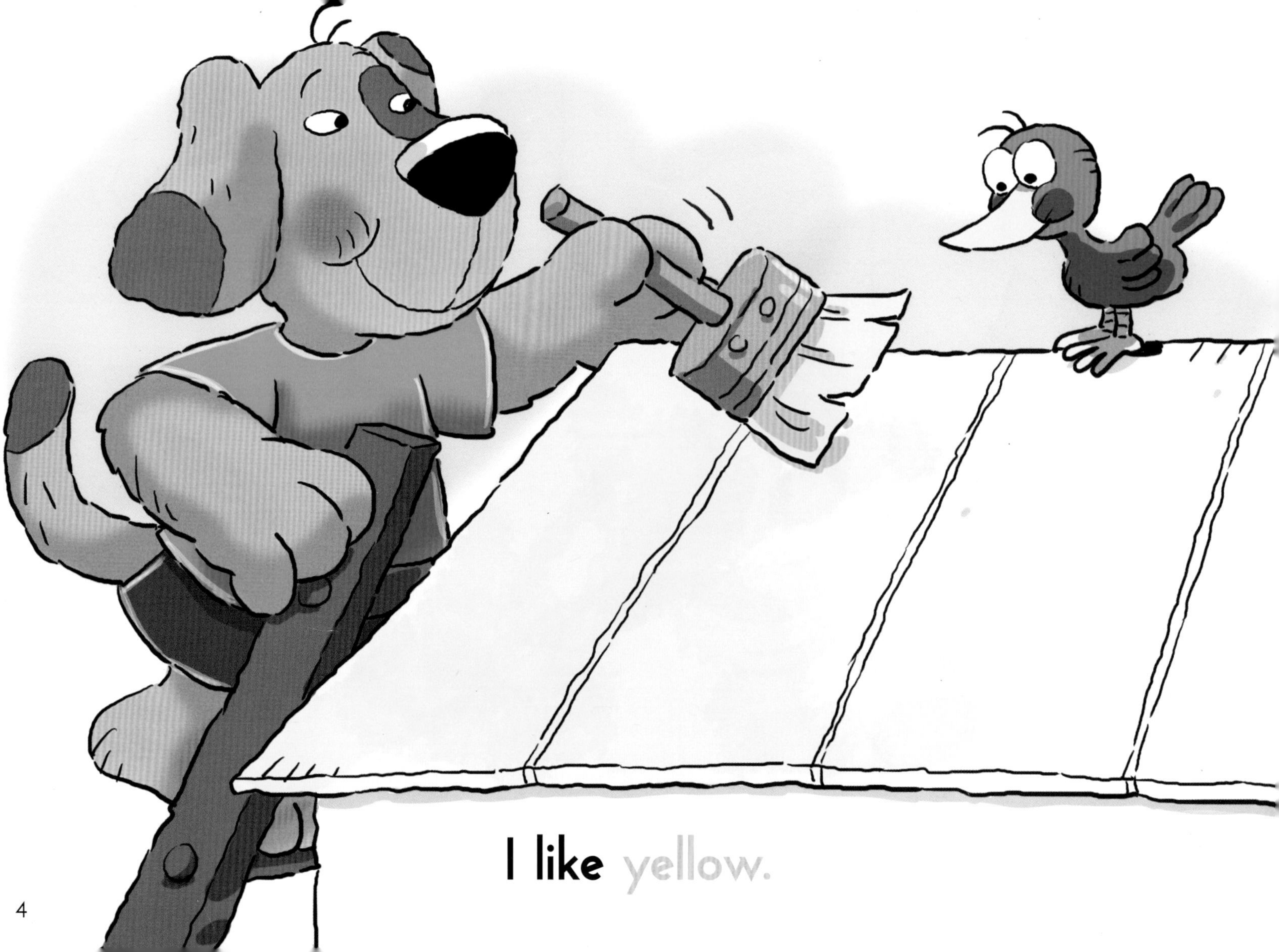

I like yellow.

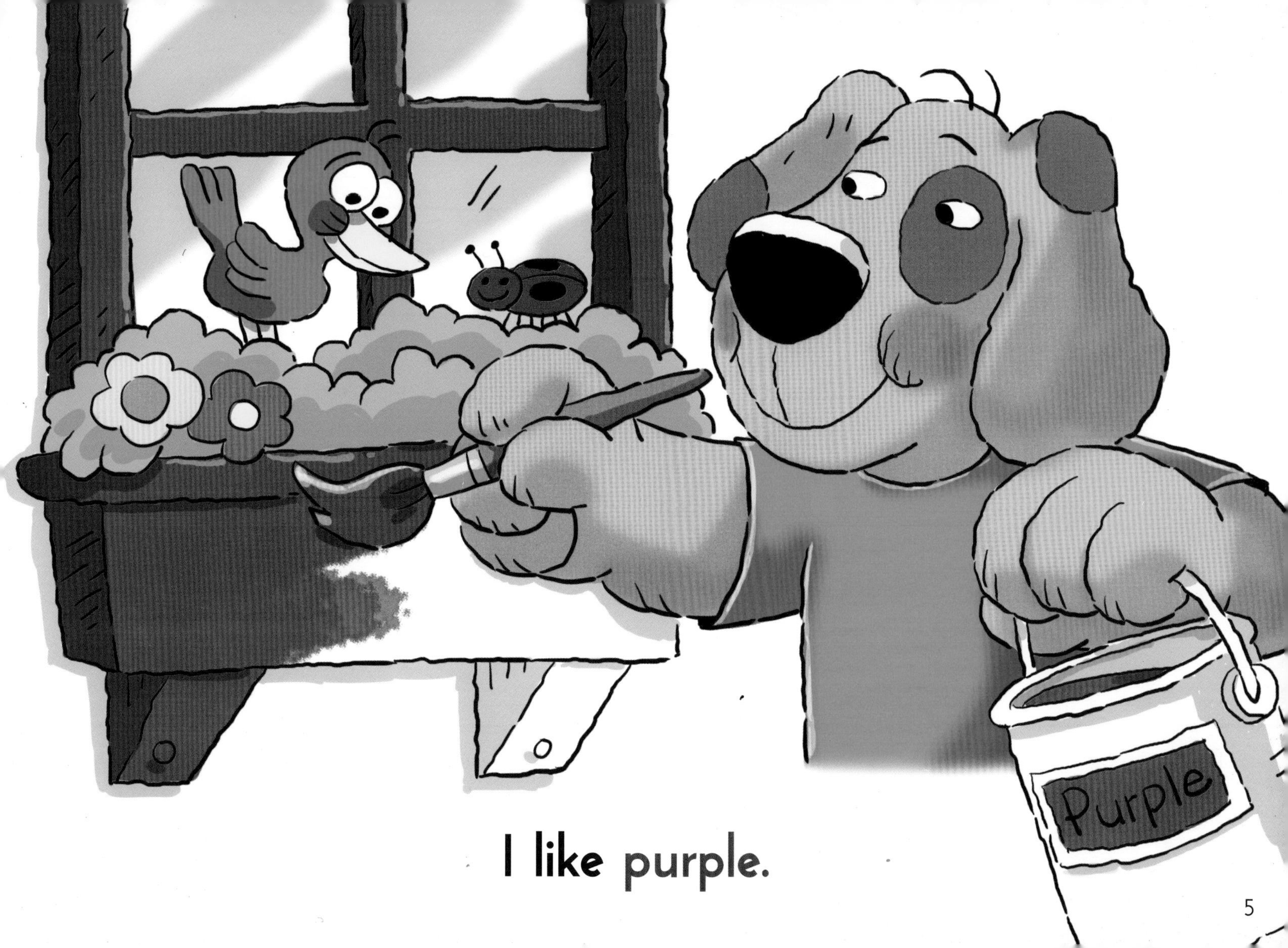

I like purple.

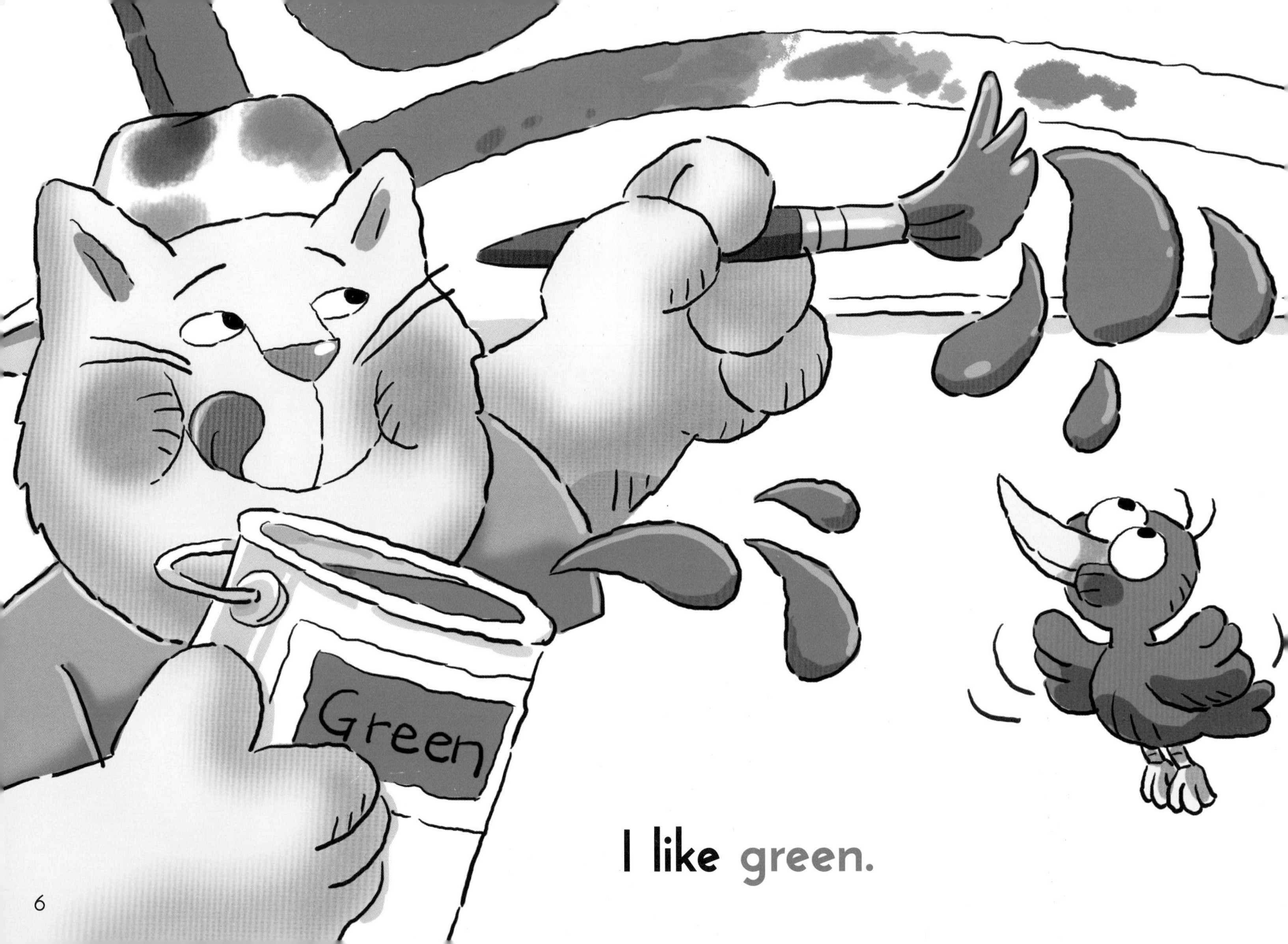

I like **green**.

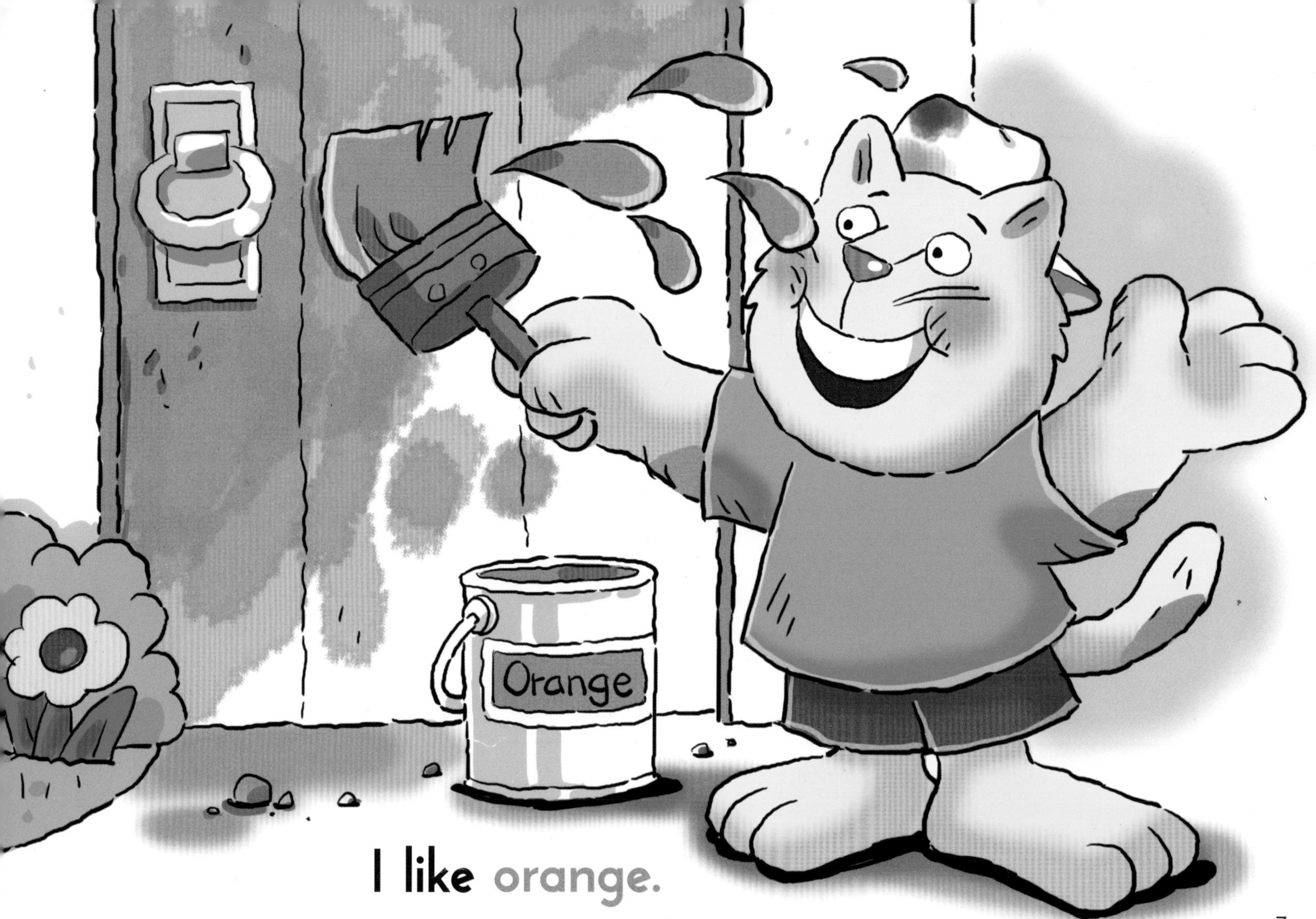

I like orange.

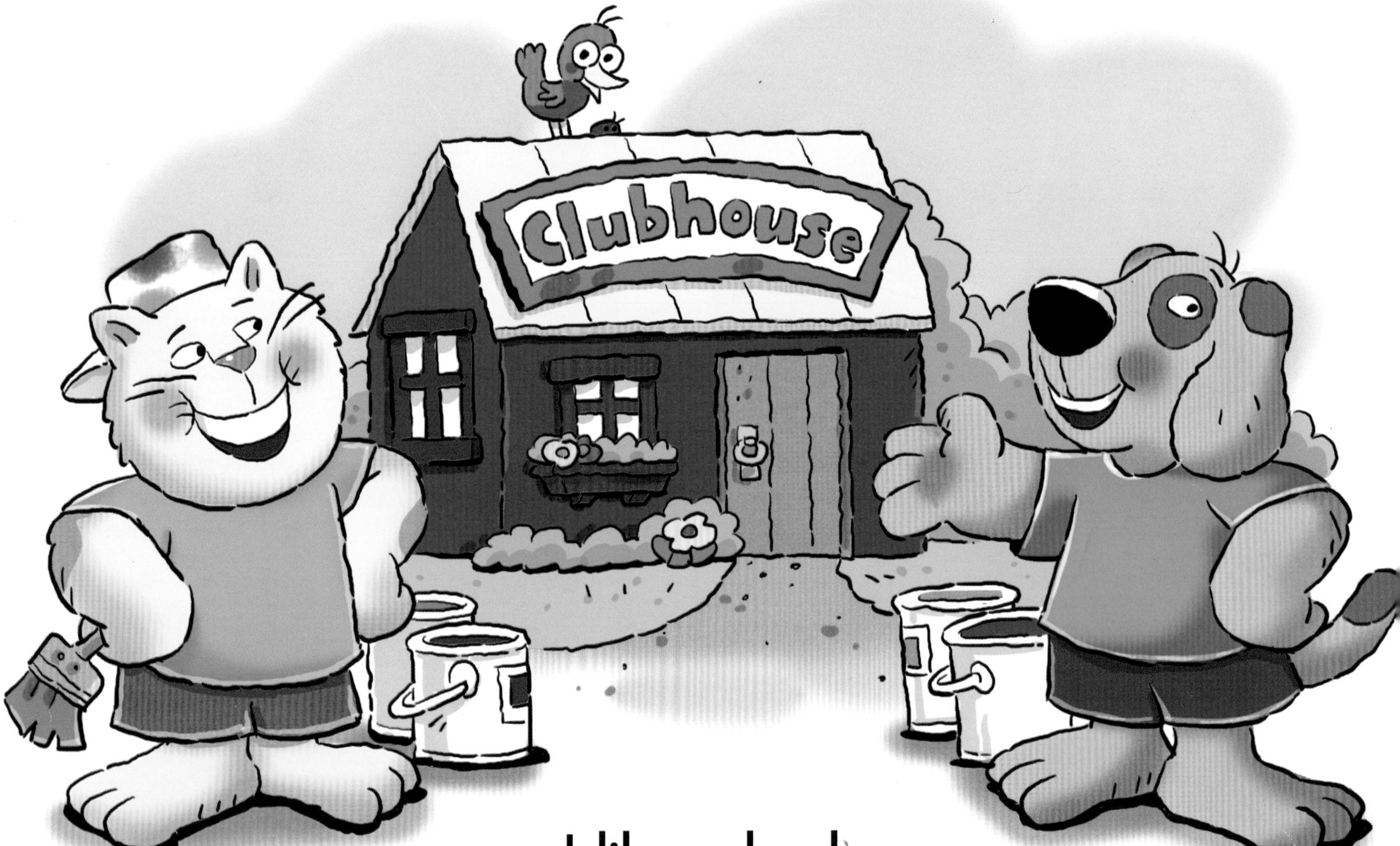

I like colors!